Alice Hörnecke
Birgit Kaufmann

Bastelbuch

Inhaltsverzeichnis

Liebe Eltern,

finden Sie es auch manchmal schade, leere Frucht-zwergebecher einfach in den Müll zu werfen? Dann bietet Ihnen dieses Buch zahlreiche Möglich-keiten, die Plastikbecher gemeinsam mit Ihrem Kind kreativ zu verwerten. Beim Basteln mit den bunten Bechern haben kleine Leckermäulchen nicht nur im Vorhinein etwas zu naschen, das Basteln schult auch die motorischen Fähigkeiten Ihres Kindes und fördert seine Kreativität und sein Selbstbewusstsein. Sie werden sehen, wie stolz Ihr Kind auf seine Werke sein wird. Unterstützen und loben Sie Ihr Kind, dann wird es viel Freude beim Basteln haben. Und nicht nur das: Viele der Projekte, wie z.B. die Autos oder Puppentäs-schen eigenen sich auch wunderbar zum Spielen!

Viel Spaß beim Basteln wünschen Ihnen Danone und der frechverlag!

Der kreative Bastelschrank

Legen Sie für Ihr Kind einen Materialfundus zum Basteln an, so kann es jederzeit loslegen und seiner Fantasie freien Lauf lassen.

Das Wichtigste für die Modelle in diesem Buch sind natürlich die Fruchtzwergebecher. Legen Sie Ihrem Kind einen kleinen Vorrat an, achten Sie aber darauf, die Becher immer gründlich auszuwaschen und abzutrocknen, so vermeiden Sie, dass sich Keime bilden oder die Becher muffig riechen.

Sinnvoll für den Kinder- Bastelschrank sind folgende Dinge:

Bleistift, Buntstifte, Filzstifte, Lackmalstift, Kinderbastelschere, Acrylfarbe und Pinsel, Transparentpapier, Kohlepapier, Tonpapier, Fotokarton, Filz, Stoffreste, Styropor®- und Wattekugeln, Chenilledraht, Wackelaugen, Bänder, Schnüre, Knöpfe, Pailetten, Perlen und Federn.

Zahnstocher, Wäscheklammern und Schaschlikspieße helfen beim Anmalen von Wattekugeln oder An- und Verkleben der Fruchzwergebecher.

Sammlen Sie die Materialien in einer Kiste oder in einem Regal. Bastelmaterial sollte möglichst nicht im Keller oder auf dem Dachboden stehen, da Feuchtigkeit die Papiere aufweicht und Hitze oder Kälte sowohl dem Klebstoff als auch den Farben schaden können.

Bevor es losgeht...
Zu Beginn jeder Bastelarbeit sollten Sie den Arbeitsplatz Ihres Kindes gut mit Zeitung oder einer Wachstischdecke abdecken. Auch Schutzkleidung (Malerkittel oder alte Hemden) ist sinnvoll für Ihr Kind, Farbe und Klebstoff landen häufig dort, wo sie nicht hingehören. Stellen Sie alle Materialien bereit und die Fruchtzwergebastelei kann beginnen!

Tipps & Tricks

Vorlagen übertragen

Für viele Modelle in diesem Buch finden Sie auf den letzten Seiten Vorlagen. Zum Übertragen eignet sich am besten Kohlepapier. Das Papier wird mit der beschichteten Seite nach unten auf das Tonpapier gelegt. Obenauf kommt die Vorlage, die mit einem Bleistift oder Kugelschreiber umfahren wird. Der Umriss drückt sich so auf das Tonpapier und kann dann ausgeschnitten werden.

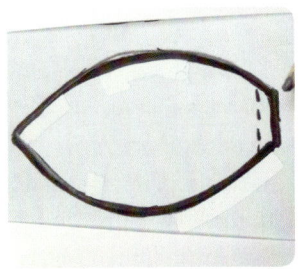 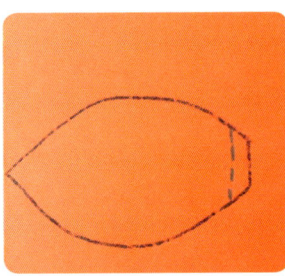

Schablonen anfertigen

Schablonen sind dann sinnvoll, wenn Sie mit Farbe Muster auf die Fruchtzwergebecher malen wollen. Dafür wird zunächst wie oben beschrieben die Vorlage auf Kopierpapier übertragen. Nun großzügig in einem Viereck um den Umriss herum schneiden. Anschließend aus dem Viereck das Innere des Umrisses mit einer spitzen Schere ausschneiden, so erhalten Sie eine Schablone. Befestigen Sie die Schablone für Ihr Kind mit Klebeband am Fruchtzwergebecher, dann kann es das Innere problemlos mit Farbe ausmalen.

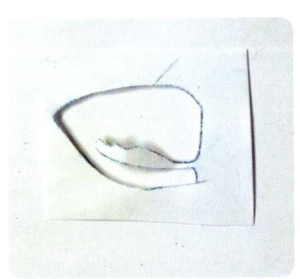 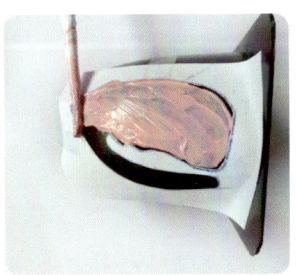

Eine Schablone ist auch dann sehr nützlich, wenn man ein Motiv mehrmals braucht. Dafür wird die Vorlage einfach auf ein Stück Pappe übertragen und ausgeschnitten. Aufgrund der Stabilität der Pappe kann das Motiv so oft wie man möchte auf Tonpapier gezeichnet und wiederverwendet werden.

TIPP: Entsorgen Sie die Schablone nicht! Eine Blume o. Ä. kann auch noch für ein anderes Bastelprojekt verwendet werden. So können Sie für Ihr Kind mit der Zeit einen nützlichen Vorrat an Schablonen anlegen.

Becher beschneiden und einstechen

Achtung! Die Fruchtzwergebecher sollten ausschließlich von den Eltern beschnitten werden! Da der Kunststoff sehr scharfkantig ist, kann sich Ihr Kind leicht daran verletzen! Übernehmen Sie deshalb das Abschneiden von Ecken oder das Einstechen von Löchern!

Hier ein paar Tipps zur sicheren Handhabung:

Die Ecken des Becherrandes lassen sich gut mit einer robusten Bastelschere abschneiden. Damit keine scharfen Kanten übrigbleiben, sollten Sie aber immer noch einmal nachschneiden, bevor Ihr Kind weiterbasteln kann.

Für das Einstechen von Löchern eignen sich eine spitze Schere oder eine Prickelnadel. Setzen Sie die Schere an der entsprechenden Stelle an und drehen Sie die Spitze vorsichtig in den Boden. Achten Sie darauf, dass Sie nicht zu viel Druck ausüben, da sonst der Kunststoff brechen kann.

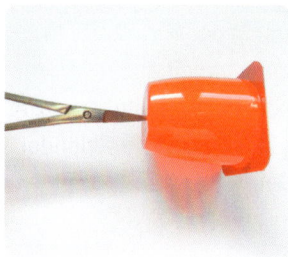

Beim Einstechen von Schlitzen verfahren Sie ähnlich. Erst mit einer spitzen Schere ein Loch hineinbohren, dann das Loch durch Einschneiden zu einem Schlitz erweitern.

Becher bekleben

Für die meisten Modelle in diesem Buch reicht ein UHU Alleskleber völlig aus. Ideal ist die tropffreie Gelvariante, denn die lässt sich gut und gezielt dosieren. Sollte einmal etwas gar nicht kleben, empfiehlt sich ein Kunststoffkleber. Bei größeren Flächen können Sie auch mit starkem doppelseitigen Klebeband arbeiten.

Becher und Kugeln anmalen

Zum Bemalen von Fruchtzwergebechern eignen sich am besten Acrylfarben. Je nach Farbton decken sie allerdings unterschiedlich gut auf dem Kunststoff, sodass manchmal eine zweite Schicht Farbe sinnvoll ist. Acrylfarbe geht in der Wäsche nur schwer raus, denken Sie daher an Schutzkleidung für Ihr Kind. Der Fruchtzwergebecher lässt sich ringsherum gut bemalen, wenn man Zeige- und Mittelfinger in die Öffnung steckt, so lässt sich der Becher leicht drehen und wenden. Zum Trocknen auf den Rand stellen. Erst danach den Rand bemalen, den Becher dabei wieder auf den Boden kippen.

Styropor®kugeln stecken Sie zum Bemalen einfach auf einen Schaschlikspieß. So kommt Ihr Kind mit dem Pinsel überall gut hin. Zum Trocknen können Sie den Spieß in ein Gefäß stellen.

Hinweis: Die Bastelideen in diesem Buch wurden mit Fruchtzwergebechern entwickelt. Natürlich können die Modelle auch mit anderen Bechern umgesetzt werden.

Hallo, kleiner Hund

* 2 Fruchtzwergebecher in Gelb
* Fotokartonrest in Gelb
* Chenilledraht in Violett, 12 cm, 10 cm und 8 cm lang
* Chenilledraht in Türkis, 2 x 10 cm und 2 x 13 cm lang
* Pompon in Blau, ø 1 cm
* 2 Wackelaugen, ø 1 cm
* Lackmalstift in Schwarz, Weiß und Rot

1 Stelle deinen Fruchtzwergebecher mit der Öffnung nach unten auf den Fotokarton und umfahre den Becher mit einem Bleistift. Schneide die Form sorgfältig aus und klebe sie auf die Becheröffnung. Verfahre so auch mit dem zweiten Becher.

2 Jetzt klebst du die Becher versetzt aneinander, so entsteht der Hundekörper. Für die Öhrchen biegst du zwei Chenilledrahtstücke zurecht (8 cm und 10 cm lang). Knicke dazu die Drähte zuerst mittig und verdrehe dann die Enden miteinander. Klebe die Ohren hinten an den Hundekopf.

3 Die Vorderbeine formst du aus den beiden 10 cm langen, türkisfarbenen Chenilledrahtstücken. Die Drähte zuerst in der Mitte knicken, dann die Enden miteinander verdrehen. Biege die untere Seite etwas um, sodass kleine Pfoten entstehen. Klebe die Beine an.

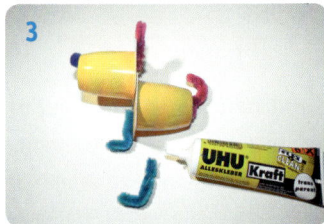

4 Auch die Drähte für die Hinterbeine knickst du mittig, biegst sie in eine S-Form und klebst die Beine an.

5 Forme aus dem violetten Chenilledraht den Hundeschwanz und bringe ihn an. Zum Schluss bekommt dein Hund noch eine Pomponnase, Augen und Mund angeklebt.

Hü, Pferdchen

VORLAGE
Seite 60

MATERIAL

* 3 Fruchtzwergebecher in Dunkelrot
* Fotokartonrest in Dunkelrot
* 5 Eisstiele in Gelb, 5 cm x 12 cm
* Chenilledraht in Hellblau, 15 cm und 8 cm lang
* Chenilledraht in Gelb und Hellgrün, je 8 cm lang
* 2 Wackelaugen, ø 1 cm

1 Klebe zuerst zwei Fruchtzwergebecher zusammen. Für den dritten Becher fertigst du aus Fotokarton einen Deckel an und verschließt damit die Becheröffnung.

2 Kürze vier der Eisstäbchen auf 8 cm und klebe sie als Beine an den Pferdekörper. Das fünfte Stäbchen dient als Hals und verbindet Pferdekörper und -kopf miteinander.

3 Biege das 15 cm lange, hellblaue Chenilledrahtstück zu einer Mähne und befestige sie an Kopf und Hals.

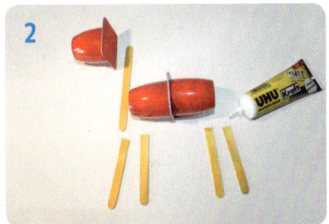

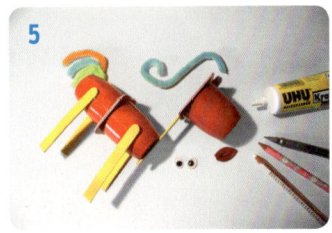

4 Aus den drei 8 cm langen Drähten fertigst du den bunten Pferdeschwanz. Klebe ihn am Hinterteil des Pferdchens an.

5 Schneide kleine Ohren aus Fotokarton zurecht und klebe dem Pferd Ohren und Wackelaugen an. Zum Schluss malst du noch Maul und Brauen auf. Lauf, Pferdchen, lauf!

Sterntastisches Kegelspiel

MATERIAL

* 10 große Fruchtzwergebecher in Orange-Weiß
* 8 große Fruchtzwergebecher in Rot-Weiß
* 9 Styropor®kugeln, ca. ø 5 cm
* Acrylfarbe in Rot und Orange
* Glitzerkartonrest in Orange und Dunkelrot
* Motivstanzer: Stern
* Wäscheklammern
* Sand oder Kies
* Pinsel

1 Für einen Kegel brauchst du je zwei Fruchtzwergebecher in der gleichen Farbkombination, eine Styropor®kugel und etwas Glitzerkarton und Acrylfarbe in der passenden Farbe. Male die Kugeln mit Acrylfarbe an (siehe dazu auch Seite 7) und lass die Farbe gut trocknen.

2 Währenddessen füllst du etwa 3 El Sand in einen Becher, streichst die Ränder von beiden Bechern mit Klebstoff ein und klebst sie dann farblich versetzt zusammen (siehe 2b). Klemme an jede Ecke eine Wäscheklammer und lass das Ganze über Nacht trocknen.

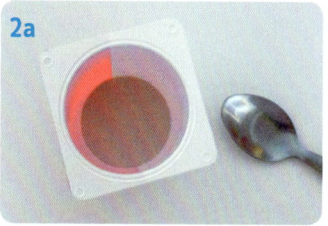

3 Am nächsten Tag befestigst du die Kugel mit Klebstoff auf dem obersten Becher. So entstehen deine Kegel. Während der Klebstoff trocknet, stanzt du vier Sterne aus dem Glitzerkarton aus und verzierst damit die Kegel, indem du sie abwechselnd oben und unten in die weißen Felder der Becher klebst.

4 Der erste Kegel ist jetzt fertig. Stelle weitere acht Kegel wie beschrieben her. Insgesamt brauchst du vier rot-weiße und fünf orange-weiße Kegel. Dem vordersten Kegel klebst du dann noch einen weißen Stern vorne auf die Kugel, so weißt du immer, wie du deine Kegel aufstellen musst.

Blümchen-Zier

MATERIAL

* 2 große Fruchtzwerge-
becher in Orange
* 1 kleiner Fruchtzwerge-
becher
* Acrylfarbe in Grün und
Weiß
* Masking Tape nach Wunsch
* Blümchenknöpfe in ver-
schiedenen Farben
* feiner Pinsel

VORLAGE

Seite 56

1 Leere Fruchtzwergebecher kannst du ganz leicht in hübsche Blumenvasen oder -töpfchen verwandeln. Male z.B. einen großen Becher grün an und klebe viele kleine Blumenknöpfe auf, so entsteht eine kleine Blumenwiese.

2 Oder du tupfst dir mit einem feinen Pinsel nach Vorlage ein hübsches Blumenmuster auf deinen Becher, dann blühen die Blumen mit deinem Becher um die Wette.

3 Es sieht auch sehr schön aus, wenn du deinen Becher mit Masking Tape beklebst. Einfach kleine Stücke abschneiden und senkrecht oder waagerecht entlang des Bechers kleben. Bestimmt fallen dir noch viel mehr Ideen ein.

Blumenrasseln

MATERIAL

* 2 Fruchtzwergebecher in Gelb
* Fotokarton in Pink oder Hellblau, A4
* Fotokartonrest in Hellgrün
* Buntstifte in Rot oder Blau und Weiß
* 4 EL Reis

VORLAGE

Seite 56

1 Übertrage die Blume und die Blätter der Vorlage nach auf den entsprechenden Fotokarton und schneide alles sorgfältig aus.

2 Jetzt kannst du Blätter und Blumen mit Buntstiften nach Belieben schattieren und bemalen.

3 Fülle zwei Esslöffel Reis in den ersten Fruchtzwergebecher, streiche den Rand mit Kleber ein und drücke eine Blume vorsichtig mittig auf.

4 Gib nun auch in den anderen Becher zwei Esslöffel Reis und klebe ihn auf der Oberseite der Blume an. Die beiden Becher sollten exakt übereinander kleben.

5 Zum Schluss befestigst du die Blätter an der Blume und deine Rassel ist fertig.

Tipp
Statt Reis kannst du auch gut kleine Steinchen, Maiskörner, Sonnenblumenkerne o. Ä. verwenden!

Eismobile

MATERIAL

* Fruchtzwergebecher in Rot, Gelb, Orange, Lila, Blau und Grün
* Mobile-Stern, ø 33 cm
* 4 Eisstiele
* Chenilledraht in Braun, 4 x je 30 cm lang
* Pompons in Gelb (2 x), Pink (2 x), Orange und Grün, ø 4 cm
* Fotokartonrest in Weiß und Orange
* Bastelpapierstreifen in Lila, Orange und Gelb, je 15 cm lang, 0,5 cm – 1,5 cm breit
* 20 selbstklebende Strasssteinchen, ø 0,5 cm
* Neonperlen in Grün und Blau, ø 0,8 cm
* Indianerperlen in Neonpink, Neonorange und Weiß, ø 0,4 mm
* Nylonfaden, ca. 1,5 m lang
* Satinband in Hellblau mit Punkten, 1,5 cm breit, 50 cm lang
* Motivstanzer: Stern und Blümchen
* Prickelnadel

1 Klebe den Mobile-Stern zusammen und lass den Kleber gut trocknen. Das Satinband an den Enden verknoten und in die Aussparung im Stern kleben.

2 Für die Eisbecher klebst du je drei Pompons in die Fruchtzwergebecher, du kannst sie vorher ggf. mit etwas Küchenpapier auffüllen. Zur Verzierung stanzt du Blümchen aus Fotokarton aus und klebst je ein Strasssteinchen in die Blütenmitte.

3 Schneide ein ca. 30 cm langes Stück Nyonfaden ab und fädle eine Perle auf. Verknote nun beide Enden miteinander. Klebe die Perle zwischen den Pompons fest, sodass eine Aufhängung für die Eisbecher entsteht. Wenn du möchtest, kannst du auch noch weitere bunte Perlen auf die Schnur fädeln!

4 Für das Eis am Stiel verzierst du die Becher nach Lust und Laune mit Papierstreifen, Steinchen oder Sternen.

5 Bohre mit einer Prickelnadel oder einer spitzen Schere in jeden Fruchtzwergebecher zwei Löcher und fädle überall ein 30 – 50 cm langes Stück Nylonfaden hindurch. Lass dir dabei unbedingt von einem Erwachsenen helfen!

6 Klebe den Chenilledraht an den Eisstäbchen fest und wickle ihn auf. So entsteht eine Klebefläche, die dir das Einkleben des Stäbchens in den Fruchtzwergebecher erleichtert.

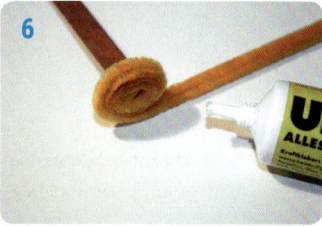

7 Verknote die Nylonschnüre mehrmals nach einigen Zentimetern und fädle Perlen auf. Knote alle Eisvariationen an den Mobile-Stern und fixiere sie mit etwas Klebeband.

Tipp
Du kannst deine Eis-
becher noch mit kleinen
Papierschirmchen
versehen, so sehen sie
noch echter aus!

Bechertelefon

VORLAGE
Seite 56

MATERIAL
* 2 große Fruchtzwerge-
  becher in Rot-Gelb
* Baumwollkordel in Rot,
  ca. 2 m lang
* Tonpapierrest in Rot, Gelb
  und Schwarz
* Miniknöpfe in Gelb und Rot

1 Nimm zwei große Fruchtzwergebecher und lass dir von einem Erwachsenen mit einer spitzen Schere von außen ein Loch in den Boden stechen.

2 Zur Verzierung deiner Becher überträgst du die Vorlagen auf Tonpapier
und schneidest sie aus. Klebe je zwei Telefone pro Becher auf und setze als
Wählscheibe einen passenden Knopf in die Mitte.

3 Fädle nun auf beide Enden der Kordel einen Becher. Die Schnur wird
dabei von außen nach innen in den Becher geführt.

4 Mache einen Doppelknoten in die Enden und fertig ist dein Telefon. Wenn
du jetzt dein Ohr an den Becher hältst, während der andere in seinen Becher
hineinspricht, kannst du hören, was er dir heimlich zuflüstert.

Tipp
Zum richtigen Telefo-
nieren muss die Schnur
ganz gespannt sein,
sonst funktioniert dein
Bechertelefon nicht.

Lustiges Memospiel

MATERIAL

* 12 gleiche Fruchtzwerge-
  becher
* Fotokartonrest in Weiß
* Buntstifte in verschiedenen
  Farben
* Filzstift in Schwarz

VORLAGE

Seite 57

1 Schneide aus dem Fotokarton zwölf weiße 2,5 cm große Kreise aus.

2 Jetzt kannst du mit dem schwarzen Stift je zwei gleiche Motive auf die Kreise zeichnen. Nutze dazu die Vorlagen hinten im Buch oder denk dir eigene Muster aus. Male deine Bildchen dann nach Lust und Laune mit Buntstiften aus.

3 Klebe die gestalteten Papierkreise in die Fruchtzwergebecher und lass den Kleber trocknen.

4 Nun brauchst du nur noch Mitspieler und das Memospiel kann beginnen!

Kunterbunte Ritterburg

MATERIAL BURG

* Schuhkarton (ca. 23 cm lang, 20 cm breit und 8 cm hoch)
* 6 Fruchtzwergebecher in Blau und Gelb
* 3 Fruchtzwergebecher in Orange
* Acrylfarbe in Hellblau, Blau und Braun
* 2 Papierstrohhalme in Weiß-Blau, 23 cm lang
* Fotokarton in Hellblau, Gelb, Rot und Silber
* Lackstift in Gold

VORLAGE

Seite 57

1 Zeichne auf die Karton-Rückseite ein Burgtor auf und bitte einen Erwachsenen, es mit dem Cutter auszuschneiden. Lasst etwa 10 cm links und rechts stehen, damit du das Tor später öffnen und schließen kannst.

2 Bemale den Karton mit hellblauer Acrylfarbe. Das Tor lässt du weiß. Nach dem Trocknen malst du die blauen Mauersteine auf die Burg auf.

3 Streiche das Tor braun an, lass die Farbe trocknen und verziere es mit dem goldenen Lackstift. Klebe links und rechts einen Papierstrohhalm an deine Burg.

4 Während alles trocknet, fertigst du die Deckel zum Verschließen der gelben und blauen Fruchtzwergebecher an. Für die Burgtürme klebst du abwechselnd gelbe und blaue Becher aufeinander.

5 Zeichne einen Kreis (ø 14 cm) auf den roten Karton und schneide ihn aus. Halbiere ihn, klebe die Hälften zu Dächern zusammen und klebe sie dann als Turmspitzen an.

6 Klebe die Burgmauer mittig auf einen Streifen Fotokarton. Die beiden Türme klebst du links und rechts daneben.

7 Klebe noch die orangefarbenen Becher auf die Burgmauer auf, schneide silberne Fenster zu und bringe sie an der Burg an.

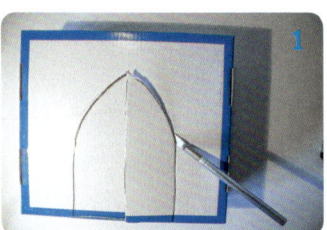

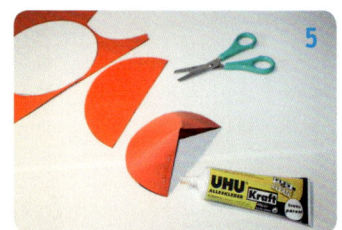

Edler Ritter mit seiner Prinzessin

MATERIAL RITTER

* Fruchtzwergebecher in Blau
* Wattekugel, ø 3 cm
* Holzhalbkugel, ø 0,5 cm
* Acrylfarbe in Hautfarbe und Silber
* Feder in Gelb und Weiß, 8 cm lang
* Fotokartonrest in Silber
* Papierstrohhalm, 10 cm lang
* Strassstein in Gelb, ø 0,5 cm
* Buntstift in Rot
* Filzstifte in Schwarz und Weiß

VORLAGE
Seite 57

MATERIAL PRINZESSIN

* Fruchtzwergebecher in Pink
* Wattekugel, ø 3 cm
* Holzhalbkugel, ø 0,5 cm
* Acrylfarbe in Hautfarbe
* Kordel in Gelb, 15 x 15 cm
* Spitze in Weiß, 2 cm breit, 7 cm lang
* Wollrest in Rosa
* ca. 15 Strasssteinchen nach Wunsch
* Papierblümchen nach Wunsch

Ritter

1 Klebe zunächst die Holzhalbkugel für die Nase an die Wattekugel. Dann kannst du das Ganze hautfarben anstreichen.

2 Ist die Farbe trocken, malst du den silbernen Helm auf. Achte darauf, dass das Loch in der Wattekugel die Oberseite des Helms bildet!

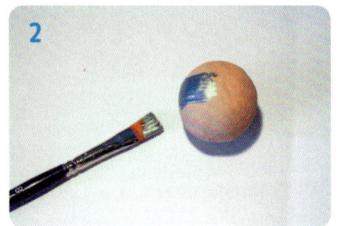

3 Nach dem Trocknen malst du dem Ritter das Gesicht auf und klebst den Kopf auf den Fruchtzwergebecher.

4 Stecke die Federn in das kleine Loch der Wattekugel. So entsteht der prachtvolle Helm. Den Becher, also das Rittergewand, verzierst du vorne mit silberner Farbe und einem Glitzerstein. Schneide die Speerspitze aus Fotokarton zu und klebe sie an den Papierstrohhalm. Zum Schluss befestigst du den Speer am Ritter.

Prinzessin

1 Klebe die Halbkugel als Nase an die Wattekugel. Bemale den Kopf in Hautfarbe und zeichne nach dem Trocknen das Gesicht auf.

2 Nun kannst du den Kopf auf den Fruchtzwergebecher kleben. Dann bekommt die Prinzessin ihre Haare: Klebe aufgedröselte Kordelstücke auf den Kopf der Prinzessin.

3 Binde die Haare mit zwei Wollfäden zu Zöpfen und verziere sie mit den Blümchen und Strasssteinchen.

4 Für die Krone klebst du das Spitzenband an den Enden zusammen, das Krönchen klebst du auf den Kopf. Zum Schluss verzierst du das Kleid mit Blume und Glitzersteinchen.

Königlicher Drache

MATERIAL

* Fruchtzwergebecher in Grün
* Watteei, 3 cm x 4 cm
* Acrylfarbe in Grün
* Neonperle in Grün, ø 0,8 cm
* Chenilledraht in Grün, 30 cm lang
* Fotokartonrest in Rot und Grün gepunktet
* Wackelaugen, ø 1 cm
* Filzstift in Schwarz und Weiß
* Buntstift in Rot

VORLAGE
Seite 57

1 Bemale das Watteei mit grüner Acrylfarbe. Lass die Farbe gut trocknen!

2 Dann klebst du dem Drachen die Wackelaugen an und malst ihm ein Gesicht auf.

3 Bringe mittig die Neonperle auf dem Fruchtzwergebecher an und klebe darauf den Drachenkopf fest.

4 Knicke den Chenilledraht in der Mitte und verdrehe die Enden ein wenig, so entsteht die Schwanzspitze. Das andere Drahtende klebst du an das Hinterteil deines Drachen.

5 Dann schneidest du aus Fotokarton noch je zwei Ohren und Flügel zurecht, gestaltest sie mit den Buntstiften und befestigst sie an deinem Drachen.

Katz und Maus

MATERIAL

* Pappteller in Weiß, ø 23 cm
* Fruchtzwergebecher in Pink und Rot
* Acrylfarbe in Weiß und Grau
* Leinenstrukturpapier in Grau und Weiß
* Glitzerkartonrest in Türkis
* Buntstifte in Rosa, Rot, Grau und Weiß
* Filzstift in Schwarz und Weiß
* Satinband in Rot oder Gelb, je ca. 50 cm lang

VORLAGE
Seite 58

1 Übertrage Augen und Nase von der Vorlage auf die Pappteller und schneide sie mit einer spitzen Schere aus. Lass dir dabei von einem Erwachsenen helfen.

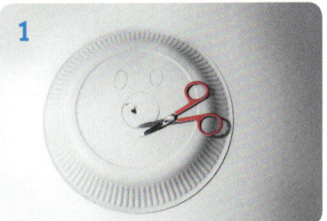

2 Bemale die Teller zunächst mit grauer Acrylfarbe und lass diese gut trocknen. Danach kannst du die Gesichter aufmalen.

3 Schneide der Vorlage nach die Ohren von Katz und Maus aus und schattiere und bemale sie mit den Buntstiften. Dann kannst du sie an die Pappteller kleben.

4 Stecke einen Fruchtzwegebecher als Nase durch die Öffnung und befestige ihn von hinten am Teller.

5 Klebe links und rechts je ein 25 cm langes Stück Satinband an, damit du dir die Maske umbinden kannst.

Tipp
Vielleicht hast du Lust, dir noch andere Masken zu basteln? Wie wäre es mit einem Bär oder einem Clown mit lustigem Hut?

23

Bienchen und Marienkäfer

MATERIAL

* 3 kleine Fruchtzwerge-
  becher in Rot und Gelb

* 3 Styropor®eier, ø ca. 4,5 cm

* Acrylfarbe in Schwarz, Gelb,
  Weiß und Rot

* Chenilledraht in Rot und
  Schwarz, ca. 30 cm lang

* Tonpapierrest in Rot

* Rest Strohseide in Weiß

* Filzstift in Schwarz

VORLAGE
Seite 59

1 Male ein Styropor®ei in Gelb und zwei in Schwarz an und lass die Farbe gut trocknen. Die Ränder der Fruchtzwergebecher malst du rot oder gelb an. Der gelbe Becher bekommt noch schwarze Streifen.

2 Schneide aus der Strohseide und dem roten Tonpapier der Vorlage nach die Flügel aus. Knicke die Flügel an den markierten Stellen und befestige sie am Rand der jeweiligen Becher (rote Flügel roter Becher, weiße Flügel gelber Becher).

3 Klebe die Styropor®eier in die Fruchtzwergebecher. Die schwarzen Eier in die roten und das gelbe Ei in den gelben Becher.

4 Schneide zusammen mit einem Erwachsenen bei allen Bechern vorsichtig die vier Ecken ab (siehe dazu auch Seite 6) und trage ringsum den Becherrand Klebstoff auf. Befestige den Chenilledraht so am Rand, dass du die Enden verzwirbeln und zu Fühlern biegen kannst. Die Biene hat etwas längere Fühler als die Marienkäfer!

5 Zum Schluss malst du die Gesichter auf. Der Marienkäfer bekommt noch schwarze Punkte auf seine Flügel.

Sommergirlande

1 Lass dir zuerst von einem Erwachsenen ein kleines Loch von außen in den Boden der einzelnen Fruchtzwergebecher stechen.

2 Zerschneide die Lochverstärker und die Klebeetiketten und verziere damit deine Becher.

3 Nach dem Verzieren fädelst du einige bunte Holzperlen auf die Baumwollkordel, dann den Becher und zum Schluss eine weiße Holzperle. Wenn du den Faden von außen nach innen in den Becher gefädelt und die weiße Perle aufgenommen hast, führst du den Faden wieder durch das Bodenloch nach

außen und von unten noch einmal durch die bunten Holzperlen hindurch. Alles schön festziehen, bis die weiße Perle direkt am Boden klemmt.

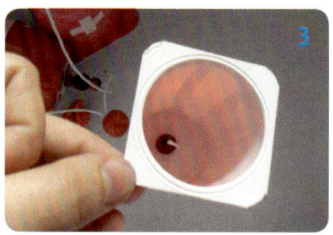

4 So machst du es bei jedem Becher bis deine Girlande fertig ist. Lass aber vor dem ersten und letzten Becher noch ca. 30 cm Faden übrig, damit du deine Girlande später auch befestigen kannst.

Eulenfamilie

1 Schneide alle Teile der Vorlage nach aus. Du brauchst pro Eule einen Schnabel, zwei Flügel, zwei Ohren, einen Kopfkreis und viele Dreiecke für das Federkleid. Dein Federkleid ist zweifarbig. Flügel, Ohren und Kopfkreis schneidest du aus einer Farbe zu.

2 Stelle den Becher mit der Öffnung nach unten vor dich hin und klebe am unteren und oberen Becherrand nebeneinander Dreiecke der ersten Farbe. In die Lücken der ersten Dreieck-Reihe klebst du die Dreiecke der zweiten Farbe.

3 Klebe die Ohren und darüber den Kopfkreis an. Für den Kopfkreis stellst du den Becher einmal mit dem Boden auf das Tonpapier, umrandest ihn mit Bleistift und schneidest ihn aus.

4 Lass einen Erwachsenen die Flügel kurz über die geschlossene Schere ziehen, damit sie sich wellen, dann befestigst du sie seitlich an den Bechern.

5 Klebe den Schnabel und Wackelaugen an. Das Eulenbaby ist jetzt fertig. Die Eulenmama fertigst du genauso. Sie bekommt zum Schluss noch Krallen. Wickle ca. 5 cm Chenilledraht um einen Bleistift und ziehe den Stift heraus, sodass eine kleine Spirale entsteht. Krallen ankleben, fertig!

2

3

Rasante Rennautos

MATERIAL

* 2 Fruchtzwergebecher in Rot oder Gelb
* 4 Verschlüsse von Getränkeflaschen
* 2 Holzstäbchen (z. B. Schaschlikspieße), je 8 cm lang
* 4 Neonperlen in Blau oder Grün, ø 0,8 cm
* Fotokartonrest in Weiß
* Fotokarton in Grau, 10 cm x 40 cm
* Buntstift in Blau oder Rot
* Prickelnadel

VORLAGE

Seite 57

1 Klebe zunächst die beiden Becher an den Rändern zusammen und lass den Kleber gut trocknen.

2 Stich nun mit der Prickelnadel ganz vorsichtig vier Löcher – jeweils genau gegenüber – in die Karosserie. Durchbohre auch die Getränkeverschlüsse vorsichtig in der Mitte. Lass dir dabei von einem Erwachsenen helfen!

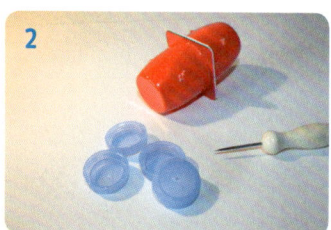

3 Klebe an ein Holzstäbchenende eine Perle und einen Verschluss als Rad an. Schiebe das Stäbchen durch die vorderen Löcher im Auto, befestige dann das zweite Rad und eine Perle. Mit der Hinterachse verfährst du genauso.

4 Schneide aus einem Stück Fotokarton einen Kreis aus und male eine Nummer darauf. Klebe das Etikett auf die Motorhaube deines Rennflitzers.

5 Aus einem großen Fruchtzwergebecher und einem Streifen grauen Fotokarton kannst du dir noch eine Startrampe bauen! Stelle den Becher verkehrt herum auf den Boden. Bemale den Papierstreifen mit Straßenlinien und klebe dann ein Ende auf den Fruchtzwergebecher. Los geht's!

Tipp
Bau dir ganz viele Rennautos und veranstalte mit deinen Freunden ein Wettrennen!

Tic-Tac-Toe

MATERIAL

* je 5 Fruchtzwergebecher in Pink und Grün
* Filz in Hellblau, 4 mm stark, 30 x 30 cm groß
* Satinband in Rot mit Punkten, 2 cm breit, 4 x 30 cm lang
* Fotokartonrest in Weiß
* Buntstift in Hellgrün und Pink

1 Schneide zehn 2,5 cm große weiße Kreise aus dem Fotokarton aus und male jeweils fünf Kreuze und fünf Kreise auf.

2 Klebe die Kreuze auf die grünen Becher und die Kreise auf die pinken Becher.

3 Teile dein Filzstück in neun 10 cm x 10 cm große Quadrate ein und zeichne sie mit Bleistift auf.

4 Beklebe diese Markierungen mit den roten Satinbändern, so wie du es auf dem Bild sehen kannst. Und schon kann das Spiel beginnen!

Und so geht's:

Ein Spieler bekommt die grünen, der andere die pinken Becher. Der erste Mitspieler darf seinen Becher auf ein beliebiges Spielfeld stellen. Der andere Spieler stellt seinen Becher ebenfalls auf das Feld. Nun müsst ihr versuchen, euren Mitspieler daran zu hindern, drei gleiche Becher in eine Reihe zu stellen! Wer zuerst eine Dreierreihe geschafft hat (waagrecht, senkrecht oder diagonal), hat gewonnen!

Katzenöhrchen

MATERIAL

* 2 kleine Fruchtzwerge-
  becher
* Acrylfarbe in Schwarz und
  Haut
* Fotokartonrest in Schwarz
* Kopierpapierrest
* Haarreif in Schwarz,
  ca. 3 cm breit
* Pinsel

VORLAGE
Seite 56

1 Bemale zuerst zwei kleine Fruchtzwergebecher von außen und am Rand mit schwarzer Farbe. Lass die Farbe gut trocknen.

2 Dann setzt du die Becher mit der Öffnung nach unten auf den schwarzen Fotokarton und umrandest sie mit dem Bleistift. Schneide die beiden Formen aus und klebe sie auf die Öffnungen.

3 Fertige dir mit Hilfe der Vorlage aus Kopierpapier eine Schablone für die Ohr-Bemalung an und befestige diese mit Klebeband am ersten Becher. Male die Schablone mit hautfarbener Acrylfarbe aus. Auf dem zweiten Becher drehst du die Schablone um, da das Ohr spiegelverkehrt zum anderen sein sollte. Dann kannst du auch hier das Ohr aufmalen.

4 Ist alles getrocknet, kannst du die Katzenöhrchen auf den Haarreif aufkleben. Gut trocknen lassen! Jetzt kannst du dich in ein Kätzchen verwandeln!

Klingendes Windspiel

MATERIAL

* großer Fruchtzwergebecher in Rot
* kleiner Fruchtzwergebecher in Grün
* Origamipapierreste in Rot und Grün gemustert
* Baumwollkordel in Weiß
* 2 Holzscheiben mit Loch, ø ca. 3,5 cm
* 9 Klangstäbe
* 7 Holzperlen in Weiß, ø 8 mm
* Motivstanzer: Kreis, ø ca. 1,5 cm und 2 cm
* doppelseitiges Teppich-klebeband
* spitze Schere

1 Stanze oder schneide einige Papier-Kreise aus. Klebe nach Lust und Laune Kreise auf die Becher.

2 Lass dir von einem Erwachsenen mit einer spitzen Schere ein Loch in die Becher-Böden bohren und schneide neun 13 cm lange Stücke von der Baumwollkordel ab.

3 Fädle auf jeden Faden mittig einen Klangstab, nimm dann beide Fadenenden in die Hand. Nach den ersten vier Klangstäben, ziehst du alle acht Enden durch eine Holz-scheibe und verknotest sie. Genauso machst du es auch bei den letzten fünf und der zweiten Holzscheibe. Das ist etwas knifflig, lass dir von einem Erwachsenen helfen.

4 Drehe die Holzscheiben so um, dass der Knoten nach unten zeigt, verteile die Klangstäbe gleichmäßig um die Scheibe herum. Schneide ein Stück Klebeband in Scheibengröße zurecht und klebe es unter die Fäden. Ziehe die äußere Schutzfolie ab.

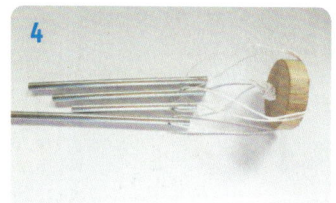

5 Schneide einen 1 m langen Faden von der Baumwollkordel ab und fädle zwei weiße Holzperlen auf. Ziehe den Faden von außen nach innen durch das Loch des roten Bechers und das Loch der Holzscheibe mit den vier Klangstäben. Der Knoten der Fäden muss unter der Holzscheibe sein.

6 Fädle noch eine Perle auf und zie-he den Faden von oben erneut durch sie hindurch. Daran solange ziehen, bis der Becher festsitzt und das Klang-spiel im Becher befestigt ist.

7 Danach ein Stück Faden frei las-sen und wieder zwei Perlen auffädeln, dabei den Faden jeweils noch einmal von oben hindurchziehen. Wieder ein Stück Faden freilassen, eine Perle auf-fädeln und das gleiche wie beim roten Becher auch mit dem grünen machen. Jetzt noch den Faden unter der letzten Perle verknoten und abschneiden.

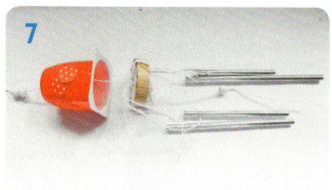

Fliegende Meeresbewohner

MATERIAL WAL

* 4 Fruchtzwergebecher in Blau
* Fotokarton in Blau, A5
* 2 ovale Wackelaugen
* Lackmalstift in Schwarz
* Nylonfaden
* Prickelnadel

MATERIAL FISCH

* 2 Fruchtzwergebecher in Gelb
* Fotokartonrest in Gelb und Hellgrün mit Punkten
* 2 ovale Wackelaugen
* Lackmalstift in Schwarz
* Fabric Tape
* Nylonfaden
* Prickelnadel

VORLAGE

Seite 61

Wal

1 Klebe zwei Becher an den Rändern zusammen und befestige links und rechts je noch einen weiteren Becher.

2 Übertrage die Schwanzflosse und zwei Flossen von der Vorlage auf blauen Fotokarton und schneide alles aus. Wenn du magst, kannst du die Flossen noch mit Buntstiften schattieren. Dann kannst du sie ankleben.

3 Befestige noch die Wackelaugen und male einen Mund auf. Lass dir von einem Erwachsenen mit der Prickelnadel ein Loch in den oberen Rand des Wals stechen. Verknote den Nylonfaden an einem Ende so oft, bis der Knoten gerade noch durch das Loch passt. Befestige ihn noch mit einem Stück Klebeband, damit er nicht herausrutschen kann.

4 Schneide die Spirale der Vorlage nach aus dem grünen Karton aus. An Spitze und Innenteil der Spirale stanzt du noch zwei Löcher ein.

5 Binde den Wal an die Spitze der Spirale und das kürzere Stück des Nylonfadens als Aufhängung an das zweite gestanzte Loch.

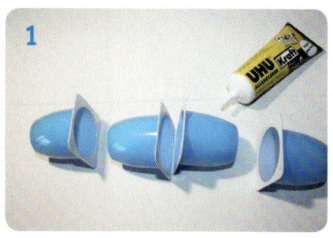

Fisch

1 Klebe die beiden Becher an den Rändern zusammen. Lass den Kleber gut trocknen.

2 Schneide die Flossen der Vorlage nach aus dem gelben Fotokarton aus und schattiere sie nach Wunsch noch mit Bunstiften.

3 Klebe alle Flossen am Fisch fest. Befestige auch die Wackelaugen, zeichne den Mund auf und verziere den Fisch noch mit Fabric Tape.

4 Lass dir von einem Erwachsenen ein Loch in den Fisch stechen und stecke das längere Nylonband, das du vorher ganz oft verknotest, in das Loch. Damit es nicht herausrutschen kann, klebst du etwas Klebeband darüber.

5 Fertige wie beim Wal eine Papierspirale an und binde den Fisch daran fest. Bringe auch eine Aufhängung an.

Tipp
Deine Meeresbewohner machen sich auch gut am Badfenster oder als Raumschmuck!

Fortsetzung Fliegende Meeresbewohner

MATERIAL QUALLE

* Fruchtzwergebecher in Orange
* 2 Wackelaugen, ø 2 cm
* Lackmalstift in Schwarz
* Chenilledraht in Orange, 4 x 15 cm lang
* Fabric Tape
* Nylonfaden
* Prickelnadel
* Fotokartonrest in Grün gepunktet

VORLAGE
Seite 61

Qualle

1 Klebe die vier Chenilledrähte in den Fruchtzwergebecher und rolle die Enden zu Schnecken auf.

2 Befestige die Wackelaugen an der Qualle, male den Mund auf und verziere den Becher mit dem Fabric Tape.

3 Lass dir von einem Erwachsenen mit der Prickelnadel ein Loch in den oberen Teil des Bechers stechen. Verknote das längere Nylonfadenstück so oft, dass ein dicker Knoten entsteht. Stecke diesen durch das Loch und befestige ihn von innen am Becher.

4 Fertige wie beim Wal beschrieben wieder eine Spirale an und binde die Qualle daran fest.

Schälchen für Naschereien

MATERIAL FISCH

* Fruchtzwergebecher in Grün
* Leinenstrukturpapier in Gelb und Rest in Türkis und Orange
* Buntstifte in Weiß, Gelb, Orange und Grün
* Filzstift in Schwarz und Weiß

MATERIAL HAI

* Fruchtzwergebecher in Blau
* Leinenstrukturpapier in Hellblau
* Buntstift in Hellblau und Weiß
* Filzstift in Schwarz und Weiß

MATERIAL SCHIFF

* 3 Fruchtzwergebecher in Orange
* Leinenstrukturpapier in Braun, Weiß, Rot, Hellblau und Rest in Hellgrün
* Buntstifte in Braun, Weiß, Rot, Blau und Grün

VORLAGE
Seite 60

1 Übertrage alle Teile von der Vorlage auf das jeweils passende Papier und schneide alles sorgfältig aus.

2 Jetzt kannst du die einzelnen Papierteile der Vorlage nach zusammenkleben.

3 Schattiere und bemale deine Motive noch nach Belieben mit den Buntstiften.

4 Zum Schluss klebst du deine Fruchtzwergebecher auf die verschiedenen Motive. Jetzt musst du nur noch Naschereien einfüllen!

Rakete für echte Astronauten

MATERIAL
* 2 Fruchtzwergebecher in Blau
* Klopapierrolle
* Tonpapierreste in Weiß, Gelb, Rot, Hell- und Dunkelblau
* 3 Tonpapierstreifen in Weiß, ca. 3 mm breit und 10 cm lang
* ggf. Motivstanzer: Kreis, ca. 1,5 cm und 2 cm

VORLAGE
Seite 59

1 Setze zuerst den Raketenkörper zusammen: Stecke in ein Ende der Klopapierrolle einen der Fruchtzwergebecher hinein, sodass nur noch ein kleines Stück vom Becher zu sehen ist. Am anderen Ende stülpst du den zweiten Fruchtzwergebecher über die Öffnung und lässt einen Erwachsenen die vier Ecken vom Rand abschneiden. Sichere alles mit etwas Klebstoff.

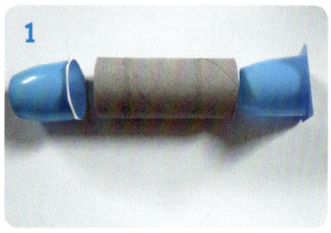

2 Schneide alle Teile der Vorlage nach aus Tonpapier zurecht. Aus dem dunkelblauen Tonpapier schneidest du zusätzlich ein 10 cm x 15 cm großes Stück zu. Klebe dieses Rechteck um die Klopapierrolle herum. So entsteht der Rumpf. An den Rändern des Rumpfes befestigst du jeweils einen der weißen Tonpapierstreifen.

3 Schneide den dunkelblauen Kreis ein, forme ihn zu einem Kegel und klebe die Ränder fest. Klebe diese Spitze auf den zweiten Fruchtzwergebecher. Am Rand der Spitze bringst du den letzten weißen Tonpapierstreifen an.

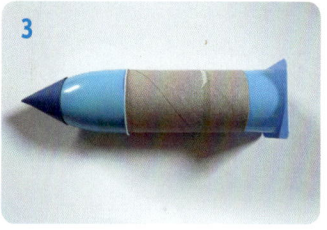

4 Klebe die Feuerteile aufeinander, ebenso die weißen Kreise auf die hellblauen. Befestige die Fenster auf dem Rumpf der Rakete und klebe die vier Feuerteile in die Öffnung des ersten Fruchtzwergebechers.

5 Knicke die Ruder um, trage auf die entstandenen Laschen Klebstoff auf und bringe die drei Ruder am Rumpf der Rakete an.

Tipp
Du kannst die Fensterkreise auch mit einem Motivstanzer ausstanzen. Dann ist das Ausschneiden nicht mehr so knifflig und deine Kreise werden schön gleichmäßig rund.

Zarte Glockenblumen

MATERIAL

* Tonpapier A4 in Pink, Magenta und Rosa
* Tonpapierreste in Hell- und Dunkelgrün
* Chenilledraht in Hell- und Dunkelgrün, ca. 30 cm lang
* spitze Schere

VORLAGE
Seite 56

1 Für deine Glockenblume überträgst du zuerst die Vorlage für das Blütenblatt achtmal auf das rosafarbene Tonpapier und schneidest alles aus. Dann schneidest du noch zwei Blätter aus hellgrünem Tonpapier aus.

2 Knicke alle Blätter und Blütenblätter einmal längs in der Mitte und ziehe sie über die geschlossene Schere, sodass sie sich nach außen krümmen. Lass dir dabei von einem Erwachsenen helfen.

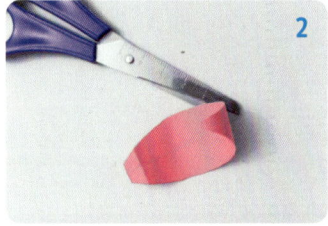

3 Klebe die ersten vier Blütenblätter auf den Fruchtzwergebecher. Achte darauf, dass die Spitzen jeweils in den Ecken des Becherrandes enden. Danach befestigst du die anderen vier jeweils zwischen zwei bereits angeklebten Blütenblättern.

4 Bohre zusammen mit einem Erwachsenen mit einer spitzen Schere von außen in den Boden des Bechers ein kleines Loch. Fädle den hellgrünen Chenilledraht durch das Loch und mache einen Knoten in das Ende, das im Becher steckt. Ziehe am langen Ende des Chenilledrahts bis der Knoten am Boden des Bechers klemmt. Jetzt braucht deine Glockenblume nur noch Blätter. Klebe sie am Stiel fest und schon kannst du jemandem damit eine duftende Freude machen.

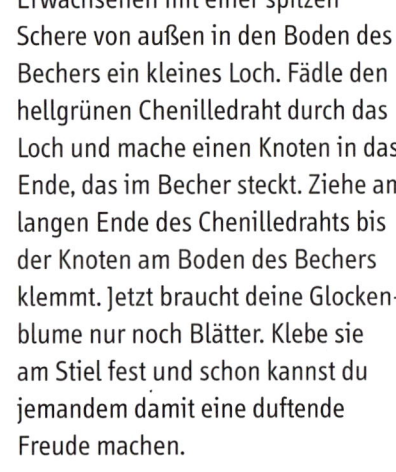

Kleine Glücksboten

**MATERIAL
SCHORNSTEINFEGER**

* Fruchtzwergebecher
* Wattekugel, ø 3 cm
* Holzhalbkugel, ø 0,5 cm
* Acrylfarbe in Hautfarbe, Schwarz und Hellblau
* Korken, 3 cm x 4 cm
* Filzrest in Schwarz
* Satinband, 12 cm lang
* Kleeblattknöpfe, 2 x ø 0,4 cm und 1 x ø 0,6 cm
* Buntstift in Braun
* Lackstift in Weiß und Rot

VORLAGE
Seite 56

**MATERIAL MARIEN-
KÄFER**

* Fruchtzwergebecher in Rot
* Wattekugel, ø 3 cm
* Acrylfarbe in Schwarz und Hautfarbe
* Pompon in Rot, 1 cm
* Papierdraht in Schwarz, 2x 8 cm lang
* Satinband, 12 cm lang
* Lackmalstift in Schwarz und Weiß
* Buntstift in Rot
* Prickelnadel

Schornsteinfeger

1 Klebe die Holzhalbkugel als Nase an die Wattekugel und streiche alles in Hautfarbe an. Den Korken schwarz anmalen und nach dem Trocknen unten noch einen blauen Streifen aufmalen.

2 Befestige den Kopf nach dem Trocknen auf dem Fruchtzwergebecher. Den Becher malst du schwarz an. Male dem Schornsteinfeger Gesicht und Schnauzer auf. Ergänze noch rote Wangen und braune Haare.

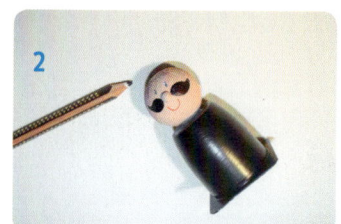

3 Schneide aus dem Filzrest eine Hutkrempe für den Zylinder zurecht und klebe mittig den schwarzen Korken darauf. Klebe den Zylinder auf den Kopf des Schornsteinfegers, binde ihm einen roten Schal um und verschönere sein Gewand mit den Kleeblattknöpfen.

Käfer

1 Tupfe mit Acrylfarbe oder Lackmalstift schwarze Punkte auf den Becher. Die Wattekugel malst du in Hautfarbe an und ergänzt nach dem Trocknen eine schwarze „Mütze".

2 Stich mit der Prickelnadel zwei Löcher für die Fühler in den Kopf des Käfers. Klebe den roten Pompon als Nase auf und male Augen, Mund und rote Wangen auf.

3 Klebe das grüne Band wie einen Schal auf den Fruchtzwergebecher und befestige darauf den Kopf des Käfers.

Fortsetzung Kleine Glücksboten

MATERIAL SCHWEIN

* Fruchtzwergebecher in Hellrosa
* Wattekugel, 3 cm
* Acrylfarbe in Rosa
* Glitzerliner in Pink
* Knopf in Rosa, 1,5 cm
* Fotokartonrest in Rosa
* Satinband in Hellgrün mit Punkten, 12 cm lang

VORLAGE

Seite 56

Schwein

1 Streiche die Wattekugel rosa an und lass die Farbe gut trocknen. Male mit der Glitzerfarbe ein Ringelschwänzchen auf den Fruchtzwergebecher.

2 Jetzt kannst du den Wattekopf auf den Fruchtzwergebecher kleben. Schneide aus dem Fotokarton zwei Ohren zurecht und klebe sie am Kopf des Schweinchens fest.

3 Klebe den Knopf als Schweinchennase an und male Mund und Augen auf. Wenn du möchtest, kannst du auch noch Lichtpunkte und rote Wangen aufmalen.

4 Zum Schluss bindest du deinem Schweinchen noch das grüne Band als Schal um.

1

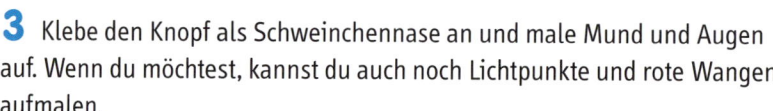

Tipp
Diese kleinen Glücksboten lassen sich wunderbar verschenken – nicht nur zu Silvester!

Glückspilz

MATERIAL

* 1 großer und 1 kleiner Fruchtzwergebecher in Rot
* kleine Äste, ø ca. 1,5 cm dick und ca. 20 cm und 25 cm lang
* Chenilledraht, 2 x 30 cm lang
* Satinband, so lang wie der Umfang deines Glases
* Weckglas oder leeres Gurkenglas, ø 10 cm, ca. 12 cm hoch
* Fotokartonrest in Weiß und Hellgrün mit Pünktchen
* Strohseide in Hellgrün, A4
* Vogelsand oder Dekosand
* Lackstift in Weiß
* Filzstift in Hellgrün

1 Tupfe weiße Punkte auf die Fruchtzwergebecher und streiche die Äste weiß an. Lass die Farbe gut trocknen.

2 Klebe ein Ende des ersten Chenilledrahtes an den Ast und rolle den Draht schneckenförmig auf. So verfährst du auch mit dem zweiten Draht.

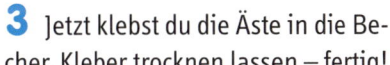

3 Jetzt klebst du die Äste in die Becher. Kleber trocknen lassen – fertig!

4 Verziere das Weckglas nun mit dem roten Satinband. Schneide aus den Fotokartonresten kleine Kärtchen zurecht, klebe sie zusammen und schreibe eine Botschaft darauf. Befestige das Schildchen am Glas.

5 Kleide das Glas mit der Strohseide aus, fülle den Vogelsand ein und stecke die Pilze ins Glas. Wer darf heute ein Glückspilz sein?

Tri Tra Trallala

Kasperl

1 Streiche die Wattekugel hautfarben an und lass die Farbe gut trocknen.

2 In der Zwischenzeit kannst du die Mütze auf den Filz übertragen und ausschneiden. Klebe sie an den Rändern zu einer spitzen Tüte zusammen.

3 Klebe den Pompon als Nase auf die Wattekugel. Befestige das Satinband als Schal auf dem Fruchtzwergebecher. Darauf klebst du den Wattekopf fest. Dann kannst du dem Kasperl seine Mütze ankleben.

4 Klebe das Glöckchen an die Zipfelmütze und die Knöpfe an den Kasperlbauch. Fehlt noch das Gesicht: Male mit Bunt- und Filzstiften Augen, Nase, Mund und Wangen auf.

5 Schneide ein Stück Fotokarton in der Form der Becheröffnung zurecht und stich vorsichtig ein Loch in die Mitte des Kartons. Lass dir dabei von einem Erwachsenen helfen.

6 Dann schneidest du den Strohhalm fünfmal 2 cm weit ein und biegst die Stücke vorsichtig nach außen.

7 Schiebe den Strohhalm durch das Loch im Deckel und klebe die umgeknickten Stücke an der Deckelinnenseite fest. Bringe dann den Deckel am Rand des Bechers an und befestige den Stab mit buntem Masking Tape. Nun ist deine Kasperl-Stabpuppe fertig!

Hexe

1 Streiche die Wattekugel hautfarben an und lass die Farbe gut trocknen.

2 Dann klebst du den Wattekopf auf den Becher und bringst den Pompon als Nase an.

3 Aus dem gelben Filz schneidest du ein Dreieck zurecht und befestigst es als Kopftuch auf dem Haupt der Hexe. Verziere es noch mit dem Knopf. Male nun die Augen und den Mund auf. Mit dem roten Buntstift kannst du die Wangen und die Haare aufzeichnen.

4 Nun kannst du das Kleid noch mit Masking Tape verzieren.

5 Fertige den Deckel zum Verschließen der Becheröffnung und den Stab so an, wie es beim Kasperle beschrieben ist – fertig ist die Hexe!

Kaufladen-Joghurts

MATERIAL

* Fruchtzwergebecher in deinen Lieblingsfarben
* Rest Scrapbookpapier mit bunten Mustern
* Fotokartonrest in Weiß
* Buntstifte in verschiedenen Farben
* Filzstift in Schwarz

VORLAGE

Seite 59

1 Zum Verschließen der Becheröffnung überträgst du die Becherform auf ein Stück Scrapbookpapier und schneidest sie aus.

2 Streiche die Ränder des Fruchtzwergebechers mit Kleber ein und drücke den Papierdeckel auf.

3 Schneide einen 2,5 cm großen weißen Kreis zurecht und zeichne eine Frucht auf. Male sie mit den Buntstiften bunt an.

4 Umklebe den Becher mit einem bunten Papierstreifen (1 cm breit und 12 cm lang) und befestige darauf das bemalte Schildchen. Bastle dir so viele Joghurtsorten wie du magst!

Kaffeekränzchen

MATERIAL

* Fruchtzwergebecher in Blau und Pink
* Filz in Hellblau und Pink, A4, 4 mm stark
* Chenilledraht in Hellblau und Rosa, je 8 cm lang
* Acrylfarbe in Weiß
* Stoffschere

VORLAGE

Seite 59

1 Übertrage für die Untertassen die Kreise von der Vorlage auf den Filz und schneide alle Teile vorsichtig aus. Am besten verwendest du dazu eine Stoffschere.

2 Klebe je einen Kreis und einen Ring aufeinander und lass den Kleber gut trocknen.

3 Biege aus den Chenilledrahtstücken zwei kleine Henkel zurecht und befestige sie an je einem Fruchtzwergebecher.

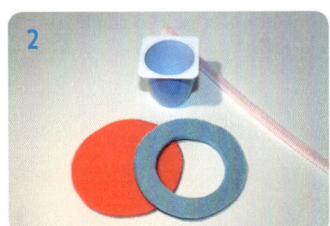

4 Mit der weißen Acrylfarbe verzierst du dein Geschirr nun nach Herzenslust. Du kannst dafür auch einfach einen Lackmalstift benutzen, das geht leichter. Dann kann das Kaffeekränzchen beginnen. Du solltest aber nur „so tun als ob", da die Becher scharfe Kanten haben könnten. Führe sie also nicht direkt an den Mund. Außerdem solltest du auf keinen Fall heiße Flüssigkeiten in deine Tässchen füllen!

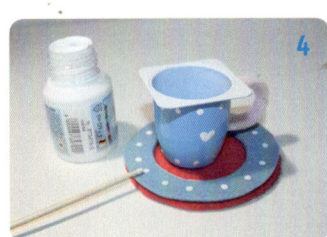

Geburtstagsraupe

MATERIAL

* je 1 Fruchtzwergebecher in Pink, Lila, Grün, Blau, Gelb und Orange
* Papierdraht in Orange, 2 x 12 cm lang
* Pompon in Hellblau, ø 12 mm
* Acrylfarbe in Grün und Weiß
* Masking Tape nach Wunsch
* Fotokarton in Hellgrün, A3
* Fotokartonrest in Weiß
* Filzstift in Gelb
* wasserfester Filzstift in Schwarz und Weiß
* Motivstanzer Blümchen
* Prickelnadel

VORLAGE
Seite 61

1 Verziere zunächst fünf Fruchtzwergebecher nach Belieben mit Acrylfarbe und Masking Tape.

2 Für den Kopf klebst du an den sechsten Becher einen Pompon als Nase auf und malst mit den wasserfesten Stiften das Gesicht auf.

3 Lass dir von einem Erwachsenen mit der Prickelnadel zwei Löcher für die Fühler in die Oberseite stechen.

4 Forme aus den Papierdrahtstücken die Fühler, indem du den Draht um einen Schaschlikspieß wickelst. Stecke sie in die dafür vorgesehenen Löcher und klebe sie auf der Innenseite fest.

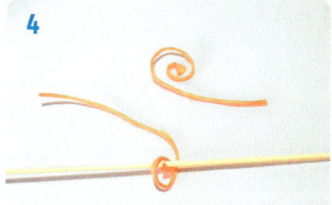

5 Die Wiese schneidest du aus dem grünen Fotokarton zurecht. Stanze weiße Blümchen aus und male einen gelben Punkt auf die Blüte.

6 Klebe nun alle Becher der Reihe nach auf die Wiese und die Geburtstagsraupe ist fertig.

Geschenkchen

MATERIAL

* je 2 Fruchtzwergebecher in deiner Lieblingsfarbe
* Satinband, Webband oder Spitzenband, ca. 50 cm lang
* selbstklebende Doppel-fotokleber, 16 Stück
* kleine Geschenke

1 Zuerst legst du eine kleine Überraschung in einen der beiden Becher.

2 Bringe auf diesen Becher in allen vier Ecken die Fotokleber-Ecken an. Falte sie vorher so, dass sie genau auf den Becherrand passen. Jetzt kannst du den zweiten Becher passgenau auf den ersten kleben.

3 Bringe zwei weitere Fotokleber-Ecken auf der Oberseite der Geschenkverpackung an und lege das Schleifenband quer darüber. Führe es an den Seiten entlang bis zur Unterseite. Überkreuze die beiden Bandenden dort und führe sie wieder zurück. Verknote die Bandenden und binde sie zu einer schönen Schleife. Fertig ist die Überraschung!

Tipp

Einfacher geht es, wenn du die Bänder an den Seitenwänden der Becher mit zusammengefalteten Fotoklebern fixierst!

Partyhütchen

MATERIAL

* Fruchtzwergebecher, groß und klein
* Haarband
* selbstklebende Lochverstärker
* Tonpapierreste
* Acrylfarbe in Schwarz
* Satinband in Rot
* Sternchenknöpfe in Rot und Gelb, ø 1 cm
* Gewebeband
* spitze Schere
* Bürohefter
* Locher

1 Bastle dir für deine nächste Party lustige Partyhütchen! Für einen Zylinder z.B. malst du einen großen Fruchtzwergebecher mit schwarzer Farbe an, klebst ein Hutband aus rotem Satinband drum herum und verzierst den Hut noch mit ein paar Sternchenknöpfen.

2 Du kannst auch mit einem Locher nach Lust und Laune aus Tonpapierresten kleine Punkte ausstanzen und sie auf einen Fruchtzwergebecher kleben. Oder du beklebst einen kleinen Fruchtzwergebecher mit Lochverstärkern. Probier einfach aus, was dir am besten gefällt!

3 Sind alle Becher verziert, nimmst du eine spitze Schere und stichst damit direkt unter dem Rand jedes Bechers an zwei gegenüberliegenden Seiten zwei Schlitze hinein. Lass dir dabei unbedingt von einem Erwachsenen helfen.

4 Dann zerschneidest du das Haarband, fädelst es durch die Schlitze und heftest die Enden wieder zusammen.

4a

4b

5 Damit sich niemand verletzt, wickelst du um die Tackernadeln noch etwas Gewebeband. Jetzt können die Partygäste kommen!

Kunterbunte Fruchtzwerge-Zoos

Liebe Fruchtzwerge-Bastlerin, lieber Fruchtzwerge-Bastler,
im September 2013 hat Danone kleine Bastler dazu aufgerufen, kunterbunte Fruchtzwerge-Zoos zu basteln und damit an einem großen Fruchtzwerge-Zoo-Gewinnspiel teilzunehmen. Viele Kinder haben ganz tolle Zoos gebastelt und es war daher richtig schwierig, aus den vielen Einsendungen fünf Gewinner auszuwählen.

Hier zeigen wir dir nun die fantastischen Sieger-Zoos!

Vielleicht hast du ja Lust, dir auch einen Zoo aus den kleinen Glücksbechern zu basteln? Auf jeden Fall werden dich die Fotos bestimmt auf neue Ideen bringen.

Viel Spaß beim Staunen und Basteln wünschen dir
Danone und der frechverlag

Die Gewinner-Galerie

Saskia aus Döhlau

Mina & Zainab aus Rüsselsheim

Leonie aus Marienheide

Jasmin aus Haslach

Damon aus Bad Kleinen

Vorlagen

Blümchen-Zier
Seite 12

Zarte Glockenblumen
Seite 40/41

Eulenfamilie
Seite 27

Katzenöhrchen
Seite 31

Bechertelefon
Seite 16

Blumenrasseln
Seite 13

2 x

Vorlage auf 200% vergrößern

Kleine Glücksboten
Seite 42–44

Zylinder

Schwein

Schwein

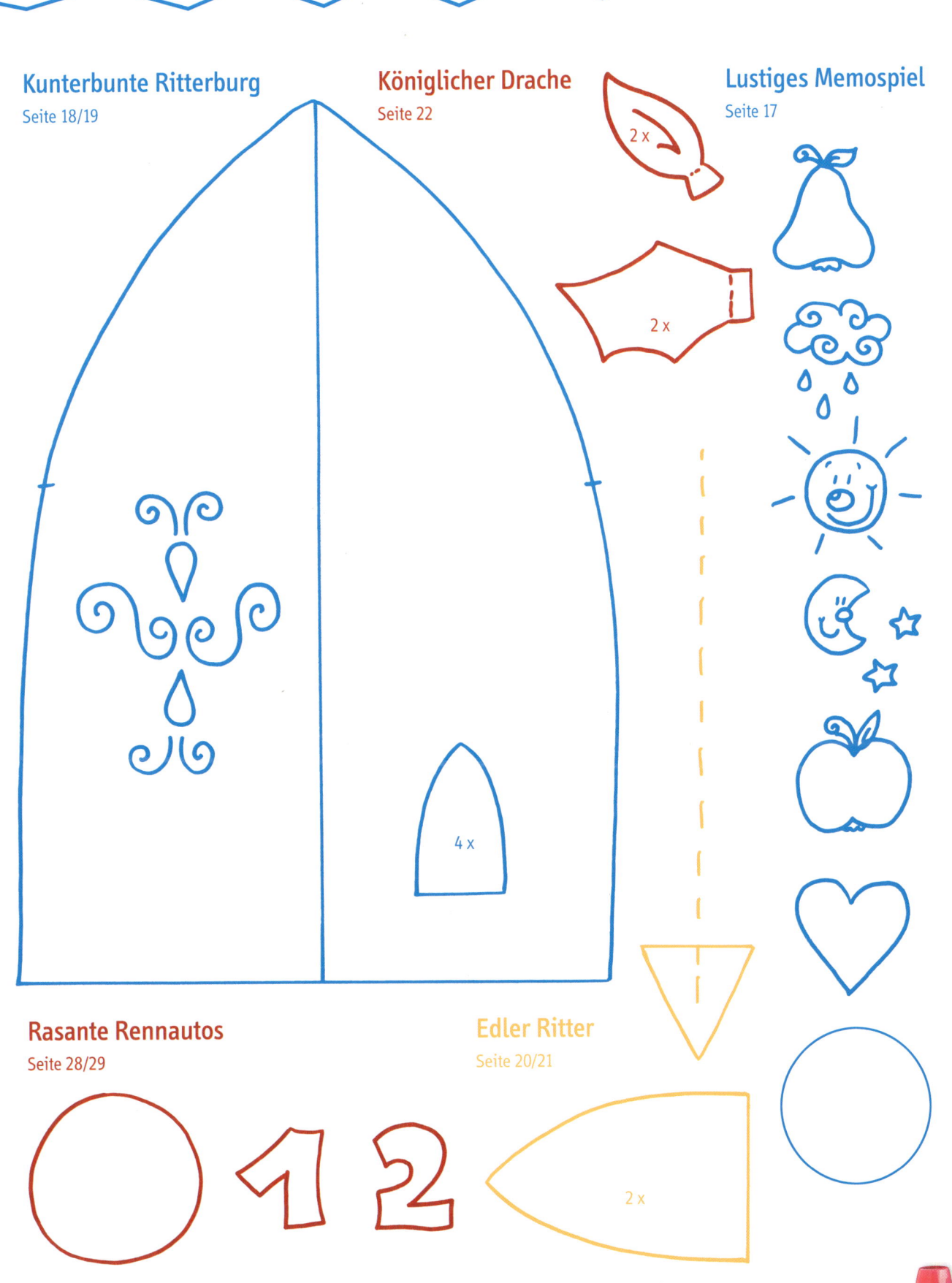

Kunterbunte Ritterburg
Seite 18/19

Königlicher Drache
Seite 22

2 x

2 x

Lustiges Memospiel
Seite 17

4 x

Rasante Rennautos
Seite 28/29

Edler Ritter
Seite 20/21

2 x

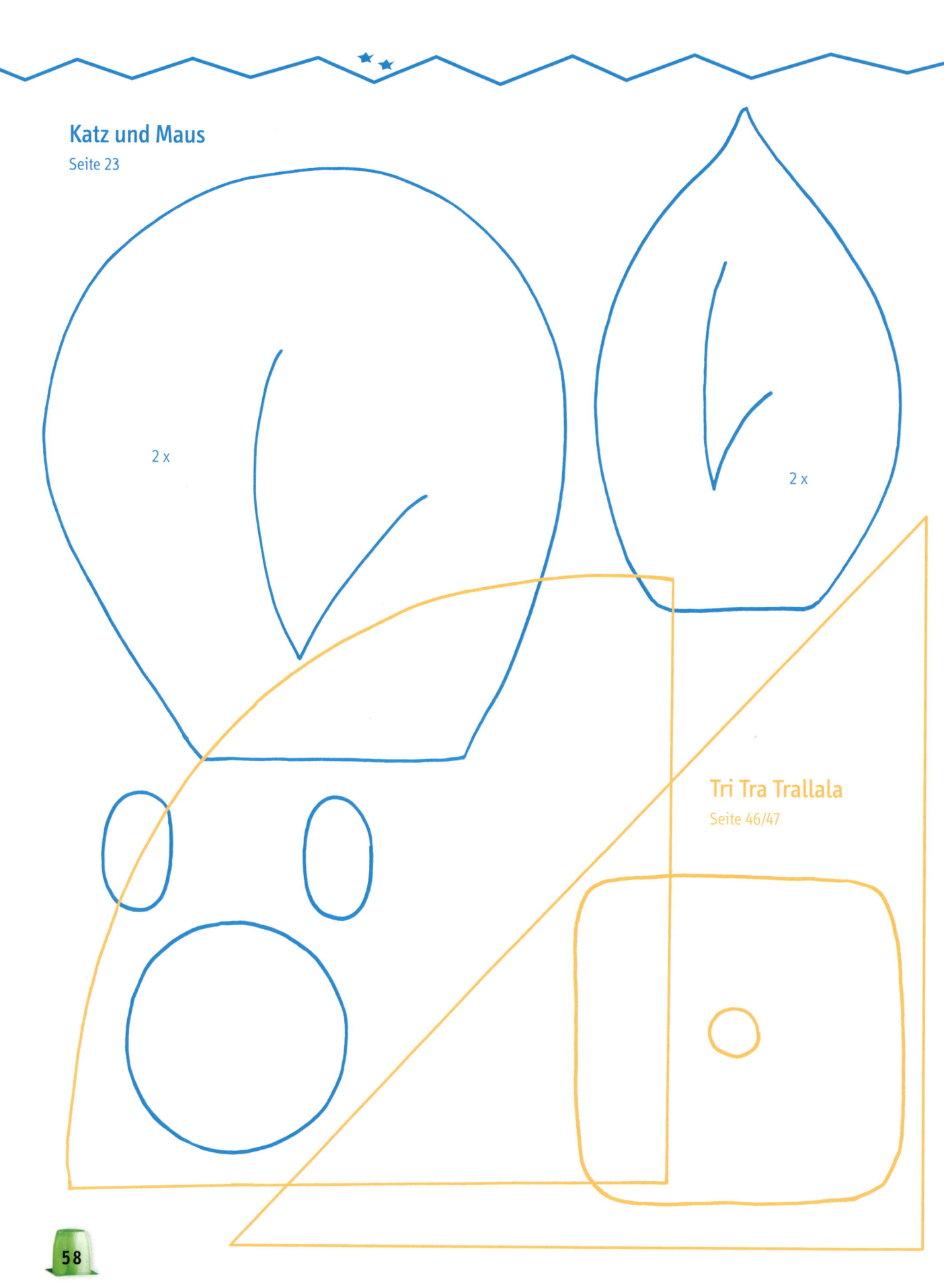

Katz und Maus

Seite 23

2 x

2 x

Tri Tra Trallala

Seite 46/47

Bienchen und Marienkäfer
Seite 24/25

Rakete für echte Astronauten
Seite 38/39

Spitze

Fenster 3 x

Feuer 4 x

Ruder 3 x

Kaufladen-Joghurts
Seite 48

Kaffeekränzchen
Seite 49

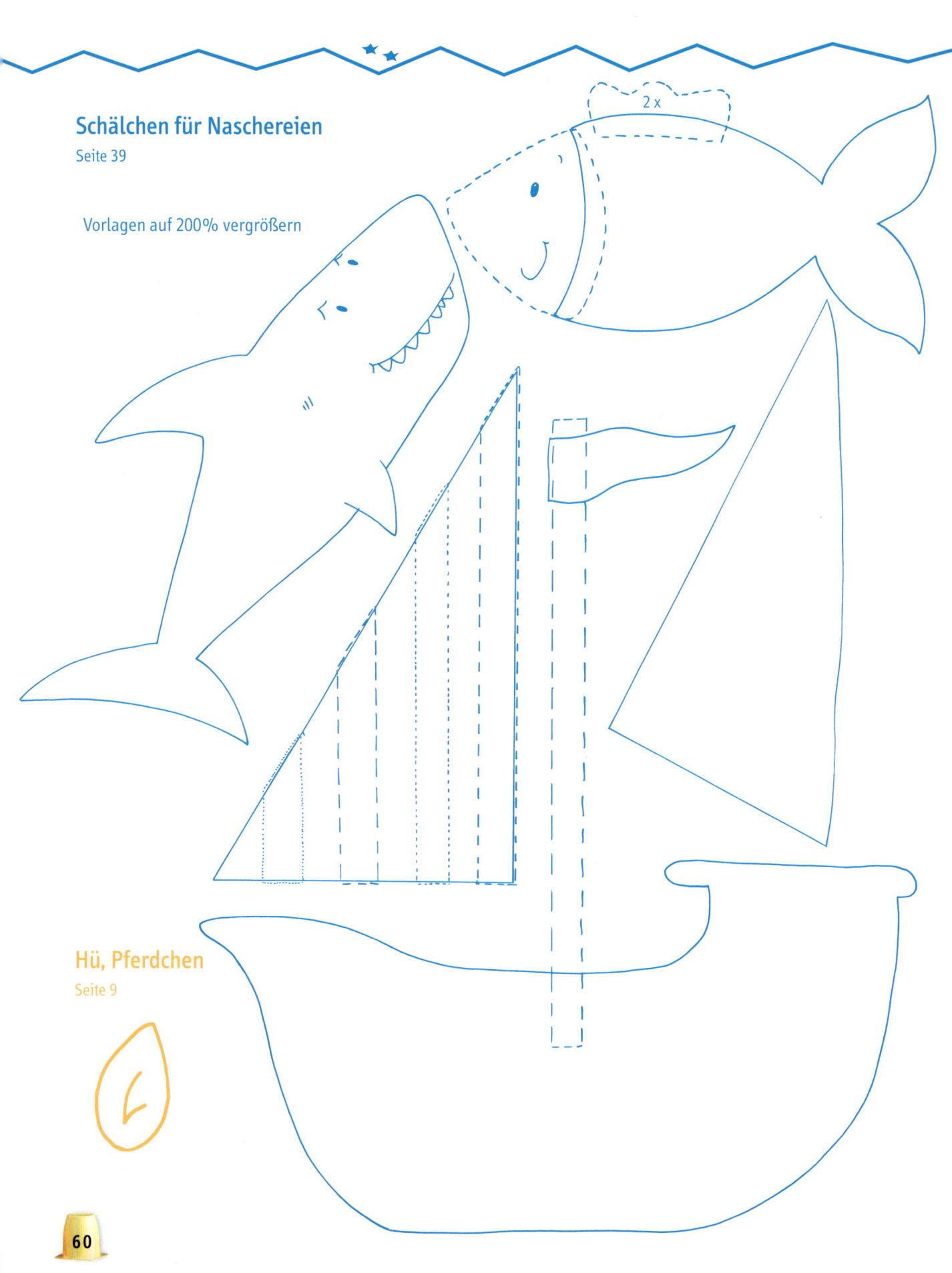

Schälchen für Naschereien

Seite 39

Vorlagen auf 200% vergrößern

2 x

Hü, Pferdchen

Seite 9

Fliegende Meeresbewohner

Seite 34–36

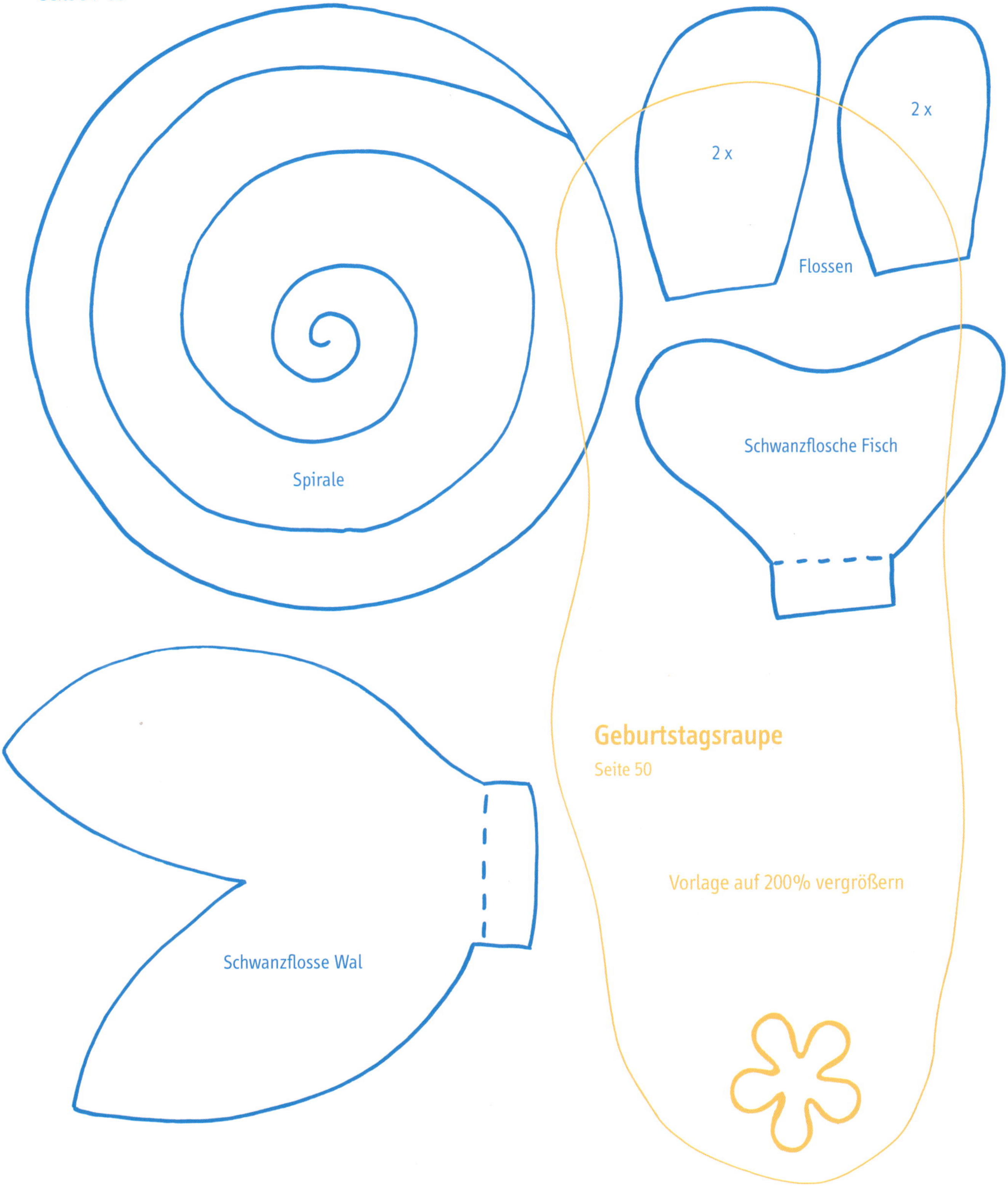

Spirale

2 x

2 x

Flossen

Schwanzflosche Fisch

Geburtstagsraupe

Seite 50

Vorlage auf 200% vergrößern

Schwanzflosse Wal

Buchtipps für dich:

Noch mehr tolle Kreativideen findest du in diesen Büchern:

TOPP 5672
ISBN 978-3-7724-5672-5

TOPP 5715
ISBN 978-3-7724-5715-9

TOPP 5783
ISBN 978-3-7724-5783-8

TOPP 5799
ISBN 978-3-7724-5799-9

TOPP 5676
ISBN 978-3-7724-5676-3

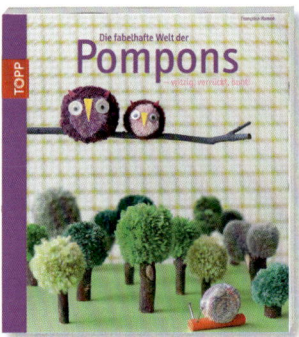

TOPP 5677
ISBN 978-3-7724-5677-0

TOPP 5797
ISBN 978-3-7724-5797-5

TOPP 5764
ISBN 978-3-7724-5764-7

TOPP 4087
ISBN 978-3-7724-4087-8

TOPP 4086
ISBN 978-3-7724-4086-1

TOPP 5744
ISBN 978-3-7724-5744-9

TOPP 5775
ISBN 978-3-7724-5775-3

TOPP 3938
ISBN 978-3-7724-3938-4

TOPP 4017
ISBN 978-3-7724-4017-5

TOPP 3827
ISBN 978-3-7724-3827-1

TOPP 5674
ISBN 978-3-7724-5674-9

Alice Hörnecke ist ständige Besucherin des Basteluniversums. Während ihres Studiums durfte sie drei Jahre im tollsten Bastelladen der Welt arbeiten und erhielt so die Chance, Materialien und Techniken vom Malen bis zum Stricken kennenzulernen. Über ihre Bastelleidenschaft kam sie zum frechverlag, für den sie heute als Autorin und freie Mitarbeiterin tätig ist.

Birgit Kaufmann lebt zusammen mit ihrem Mann und ihrer Tochter Ronja in der Nähe von Regensburg. Von Klein auf durfte sie basteln, nähen, sägen und hämmern. Durch ihre Arbeit im Kindergarten kann sie ihre Ideen immer gleich mit Kindern ausprobieren.

KREATIV-HOTLINE

Hilfestellung zu allen Fragen, die Materialien und Bastelbücher betreffen: Frau Erika Noll berät Sie. Rufen Sie an oder schreiben Sie eine E-Mail!
Telefon: 0 50 52/91 18 58*
E-Mail: mail@kreativ-service.info

*normale Telefongebühren

IMPRESSUM

MODELLE UND ARBEITSSCHRITTBILDER: Alice Hörnecke S. 6/7, 10–12, 16, 24–27, 31–33, 38–41, 52/53 und Birgit Kaufmann S. 8/9, 13–15, 17–23, 28–30, 34–37, 42–51
FOTOS: frechverlag GmbH, 70499 Stuttgart; lichtpunkt, Michael Ruder, Stuttgart
PRODUKTMANAGEMENT UND LEKTORAT: Angela Vornefeld
LAYOUT: Heike Köhl und Steffi Rieck
SATZ: Medienfabrik GmbH
DRUCK: Neografia, Slowakei

Wir bedanken uns bei den Firmen Danone, Efco (Rohrbach) und Rayher (Laupheim) für die freundliche Bereitstellung von Material.

2. Auflage 2014

© 2014 **frechverlag** GmbH, 70499 Stuttgart

ISBN 978-3-7724-5685-5 • Best.-Nr. 5685